kolos et les quatre voleurs

- À Julie

J.C. M.

- À Colin

I. C.

ISBN 978-2-218-99914-7
Loi 49.956 du 16 juillet 1949 sur les publications destinées à la jeunese.

JEAN-CLAUDE MOURLEVAT / ILLUSTRATIONS ISABELLE CHATELLARD

KOLOS

et les quatre voleurs

Ribambelle

Hatier

1. La maison du géant

Il était une fois
au fond de la forêt
un géant qui s'appelait Kolos.

Tout le monde avait peur de lu
Personne n'approchait jamais
sa maison,
pas même les animaux sauvages :
les sangliers n'y allaient pas…
les lièvres n'y couraient pas…
les oiseaux n'y chantaient pas…

On disait de lui :
– Il est capable
de manger un bœuf entier !
– Avec son énorme massue,
il peut fendre
la montagne en deux !
– Lorsqu'il chevauche
son cheval géant,
la terre
tremble
sous lui !

Un soir,
quatre voleurs entrent
dans la forêt.

Ils s'y perdent
et arrivent près de la maison
du géant.

– J’ai faim,
dit le premier voleur.
J’attendrai que la nuit se fasse,
j’entrerai dans la cuisine
et je volerai une pomme.
– J’ai soif, dit le deuxième.
J’attendrai que la nuit se fasse,
je descendrai à la cave
et je volerai un tonneau de vin.

– Mon âne est vieux et fatigué,
dit le troisième.
J'attendrai que la nuit se fasse,
j'entrerai dans l'écurie,
j'y laisserai mon âne
et je volerai un cheval.

– Moi, dit le dernier,
je suis amoureux.
Je resterai ici
et je rêverai à celle que j'aime.

2. Pris au piège

La nuit arrive.
Un croissant de lune éclaire
encore la campagne.

Le premier voleur dit
à ses frères :
– J'y vais.
Mais ne quittez pas des yeux
la fenêtre de la cuisine :
si tout va bien,
je craquerai une allumette
et vous pourrez me rejoindre…

Il se glisse dans la maison,
entre dans la cuisine
et vole la plus belle pomme.
Mais comme il s'apprête à sortir,
une clé tombe de sa poche
et tinte sur le sol :
« Kling kling kling… »

Le géant Kolos
ne dormait qu'à moitié,
parce qu'il avait mal aux dents.
Il se réveille tout à fait
et sa voix terrible retentit :
– Qui fouille dans ma cuisine ?
Si je l'attrape, je l'écrabouille !

Tremblant de tous ses membres,
le voleur s'enfuit dans la cave.
Il plonge dans un tonneau vide,
claque le couvercle sur sa tête
et ne bouge plus !

À ce même moment,
un ver luisant se met à briller
sur le rebord de la fenêtre !
– Tout va bien,
se dit le deuxième voleur,
qui pense que c'est son frère.
J'y vais !
Mais tendez l'oreille :
si la voie est libre,
je pousserai le cri de la chouette
et vous pourrez me rejoindre.

Il se glisse dans la maison,
descend à la cave
et charge sur son épaule
le tonneau où est caché son frère.

Comme il monte l'escalier, il renverse une cruche qui traînait là.
Elle roule sur le sol :
« Blang… blang… blang… »

La voix terrible de Kolos retentit de nouveau :
– Qui fouille dans ma cave ?
Si je l'attrape, je l'écrabouille et je l'écrasibouille !

Épouvanté, le voleur se sauve.
Il arrive dans l'écurie.
Le cheval géant est là,
attelé à une carriole
remplie de paille.

Le voleur jette le tonneau
dans la carriole,
se cache sous la paille
et ne bouge plus !

C'est alors que le vent
se met à souffler dans les arbres :
« Hou… hou… hou… »
– Tout va bien,
dit le troisième voleur,
qui pense que c'est son frère.
J'y vais !

Il entre dans l'écurie,
descend de son âne,
monte sur le cheval géant
et chuchote :
– Hue !

Le cheval fait un pas
et renverse un seau qui traînait là :
« Badaglang… glang… »

La voix du géant retentit pour la troisième fois :

– Qui fouille dans mon écurie ? Si je l'attrape, je l'écrabouille, je l'écrasibouille et je le zigouille !

3. Sauve qui peut !

Le voleur, fou de peur,

appelle ses frères :

– Au secours ! Où êtes-vous ?

Il entend
une première voix :
– Je suis dans le tonneau !
Puis une seconde :
– Je suis sous la ... atchoum...
sous la paille !
– Sauvons-nous vite !
dit le troisième voleur,
en frappant du pied
le flanc du cheval.
Hue !
Mais le cheval géant
ne bouge pas.

– Tu vas avancer
espèce
de canasson !
Hue !
crie le voleur.

Le cheval pique
la tête
dans son avoine
et se met
à manger.

Alors le voleur saute à terre,
attelle la carriole à son vieil âne,
le monte et lui crie :
– Hue ! Dia ! Mon vieil âne !

Le vieil âne se met en marche
sans se presser et sort de l'écurie :
« Clop clop clop… »

– Plus vite ! Dépêche-toi !
supplie le voleur sur l'âne.
– Dépêche-toi !
gémit le voleur dans le tonneau.
– Dép… atchoum… dépêche-toi !
éternue le voleur sous la paille.

– Je fais ce que je peux!
dit l'âne.

4. Sauvés!

C'est alors que la terre
commence à trembler.

Kolos a enfourché
son cheval géant
et s'est lancé à leur poursuite.

– Je les écrabouille!
Je les écrasibouille!
Je les zigouille!

– Avance donc,
vieux bourricot !
supplie le voleur sur l'âne.
– Avance donc,
vieux bourricot !
gémit le voleur dans le tonneau.

– Av… av… atchoum…
avance donc,
vieux bourricot !
éternue le voleur sous la paille.
– J’ai mal aux pattes !
dit l’âne.

Derrière eux,
le cheval géant galope
dans un bruit de tonnerre.
Il va droit devant lui
en renversant les arbres
et Kolos brandit
son énorme massue.

– Adieu mes frères !

dit en pleurant le voleur sur l'âne.

– Adieu mes frères !

se lamente le voleur dans le tonneau.

– A… tchoum… adieu mes frères !

murmure le voleur sous la paille.

Soudain…

tout devient noir !

On n'y voit plus rien.

Le cheval géant,
lancé au galop,
ne parvient pas à s'arrêter :
il s'écrase contre un rocher
et Kolos tombe mort…

Maintenant

c'est l'obscurité et le silence.

– Que se passe-t-il ?

chuchote le voleur sur l'âne.

– Que se passe-t-il ?

demande son frère

en sortant la tête du tonneau.

– Que se passe… atchoum…

que se passe-t-il ?

ajoute le troisième

en sortant la tête de sous la paille.

Une faible lueur
tremblote dans la nuit.
– Qui est là ?
demandent les trois frères…

– Ne craignez rien,
ce n'est que moi…
répond la voix
du quatrième voleur.
Regardez !

Il écarte le col de sa veste d'où sort une faible lumière.

– Regardez !

Est-ce que ce n'est pas joli ?

Je suis monté
sur l'arbre
le plus haut et,
pour celle
que j'aime,
j'ai décroché
la lune.

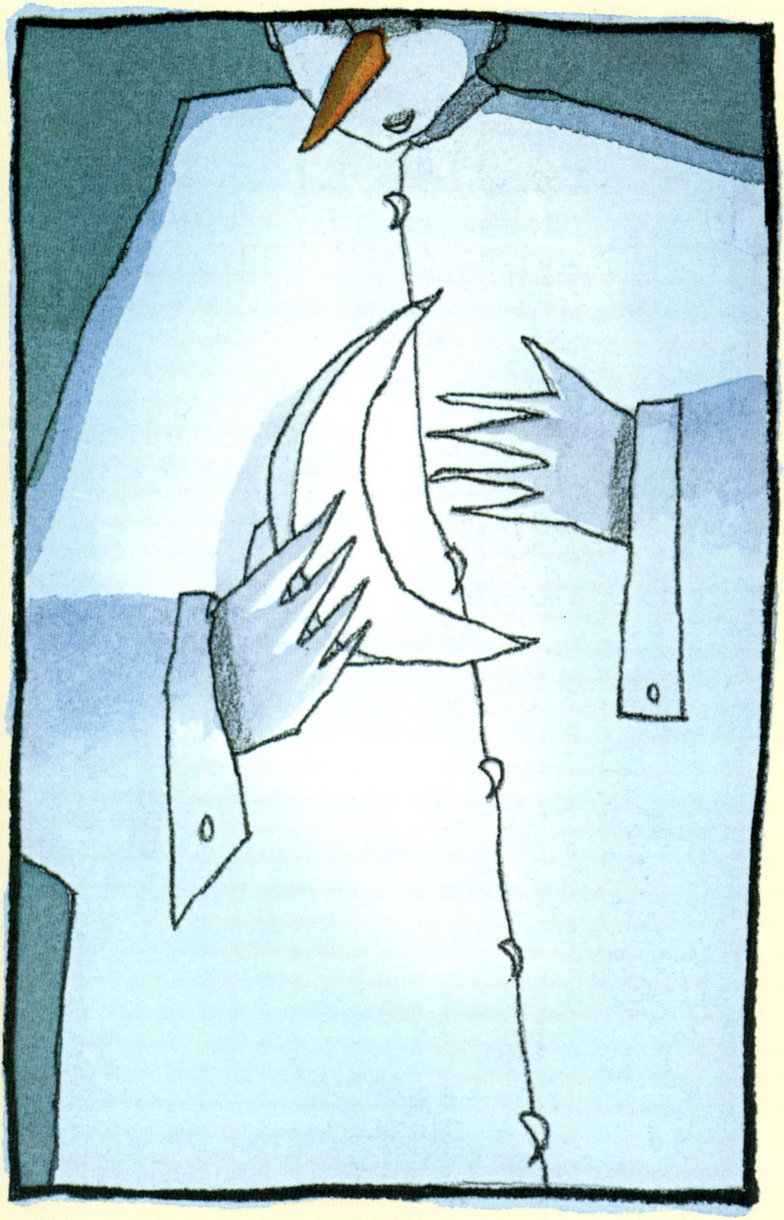

Table des matières

Achevé d'imprimer par l'imprimerie Clerc à Saint-Amand-Montrond - France
Dépôt légal : 99914-7/ 06 - février 2021